COLLECTION FOLIO

Maître Eckhart

L'amour est fort comme la mort

et autres textes

*Traduit de l'allemand
par Paul Petit*

Gallimard

Ces textes sont extraits d'*Œuvres : Sermons-traités*
(collection Tel, n° 126, Éditions Gallimard).

On sait fort peu de choses de la vie de Maître Eckhart. Il naquit, croit-on, vers 1260, près de Gotha, dans le bourg de Hochheim dont son père, de famille noble, aurait été bailli. Il dut entrer de bonne heure dans le couvent des dominicains d'Erfurt, dont on sait qu'il était prieur dans les dernières années du XIIIe siècle, en même temps que vicaire de Thuringe, c'est-à-dire inspecteur des couvents de cette province. On pense qu'il fréquenta les universités de Strasbourg, Cologne et Paris, où le titre de maître en écriture sainte lui est accordé vers 1302. En 1304, il est provincial de la province de Saxe, et le grade de licencié en théologie lui est attribué par bulle pontificale. Il continue à gravir les échelons au sein de son ordre : vicaire général de Bohême en 1307, puis supérieur de la province d'Allemagne (Haute-Allemagne et Rhénanie). Lors d'un nouveau séjour à Paris, Eckhart enseigne à l'université de la Sorbonne en qualité de *Magister Actu Regens*, statut qui n'avait jamais été donné chez les dominicains qu'à Thomas d'Aquin. À partir de 1314, il est professeur de théologie à Strasbourg, puis à Cologne. Eckhart est alors un universitaire célèbre et un directeur spirituel de premier plan au sein de son ordre. C'est à cette époque qu'il prononce les sermons qui nous sont parvenus. En 1325, le pape Jean XXII charge le dominicain Nicolas de Strasbourg d'examiner sa doctrine et il sort de cette épreuve à son avantage. Mais, en 1326, l'archevêque de Cologne, Henri de Virnebourg, lui intente un procès en inquisition. Les 14 et 15 janvier 1327, Nicolas de Strasbourg, vicaire de la province d'Allemagne, s'appuyant sur le privilège d'exemption des dominicains, conteste à l'archevêque le droit de faire comparaître Maître Eckhart devant son tribunal. Fort de l'appui unanime de son ordre, Eckhart fait lui-même appel au Saint-Siège, le 24 janvier, et lit, dans l'église des dominicains, le vendredi 13 février 1327, une déclaration solennelle protestant de l'orthodoxie de ses intentions et rétractant volontiers d'avance toute erreur dont on pourrait le convaincre. Le 22 février, la commission chargée d'instruire son procès notifie à Maître Eckhart que son recours à Rome est rejeté. À partir de cette date, on n'a plus la moindre indication sur les faits et gestes du maître. Comme Lao-tseu, Maître Eckhart disparaît sans laisser de traces et son lieu de sépulture est inconnu. On sait seulement par le dernier paragraphe de la bulle de Jean XXII, du 27 mars 1329, condamnant dix-sept sentences d'Eckhart, que ce dernier est mort à cette date. La démarche du dominicain y est ainsi critiquée : « Il a voulu en savoir plus qu'il ne convenait. »

Recourant à une langue riche en images et en paradoxes, Eckhart entraîne son lecteur à l'accompagner sur le chemin d'une pensée toujours vivante, toujours en tension vers la connaissance, dont il place la quête au fondement de sa démarche spirituelle.

Découvrez, lisez ou relisez l'œuvre de Maître Eckhart :

ŒUVRES. SERMONS-TRAITÉS (Tel n° 126)

Du détachement

J'ai lu beaucoup d'écrits, tant de maîtres païens que de prophètes, de l'Ancien et du Nouveau Testament, et j'ai recherché avec tout mon sérieux et toute mon application quelle est la plus belle et la plus haute des vertus : par *laquelle* l'homme peut se conformer le plus étroitement à Dieu et redevenir autant que possible pareil à son modèle original, tel qu'il était en *Dieu*, dans lequel il n'y avait aucune différence entre lui et Dieu, jusqu'à ce que Dieu eût créé les créatures. Et quand je vais au fond de tout ce qui a été écrit là-dessus, aussi loin que peut atteindre ma raison avec son témoignage et son jugement, je n'en trouve pas d'autre que le pur détachement de toute chose créée. C'est dans ce sens que Notre-

Seigneur dit à Marthe : « Une chose est nécessaire ! » Ce qui veut dire : Qui veut être inaltérable et pur doit avoir une chose, le détachement.

Beaucoup de maîtres prônent l'*amour* comme ce qui est le plus haut, tel saint Paul quand il dit : « Quelque tâche que j'entreprenne, si je n'ai pas l'amour je ne suis rien. » Mais je mets le détachement encore au-dessus de l'amour. D'abord pour cette raison : le meilleur dans l'amour est qu'il m'oblige à aimer *Dieu*. Or c'est quelque chose de beaucoup plus important d'obliger Dieu à venir à moi que de m'obliger à aller à Dieu, et cela parce que ma béatitude éternelle repose sur ce que Dieu et moi devenions un. Car Dieu peut entrer en *moi* d'une façon plus intime et s'unir à moi mieux que je ne peux m'unir à lui. Or, que le détachement oblige Dieu à venir à moi, je le prouve ainsi : tout être se tient volontiers dans le lieu naturel qui lui est propre. Le lieu naturel de Dieu qui lui est propre par excellence est l'unité et la pureté, or celles-ci reposent sur le détachement.

C'est pourquoi Dieu ne peut pas s'empêcher de se donner lui-même à un cœur détaché.

La *seconde* raison pour laquelle je mets le détachement au-dessus de l'amour est celle-ci : si l'amour m'amène au point de tout endurer pour Dieu, le détachement m'amène au point de n'être plus réceptif que pour Dieu. Or c'est ce qui est le plus haut. Car dans la souffrance l'homme a toujours encore un regard sur la créature par laquelle il souffre ; par le détachement au contraire il se tient libre et vide de toutes les créatures. Or, que l'homme détaché ne soit plus réceptif que pour Dieu, je le prouve ainsi : ce qui doit être reçu il faut que ce le soit en quelque sujet. Or le détachement est si proche du pur néant qu'il n'y a rien qui serait assez fin pour trouver place en lui, hormis Dieu : *Lui* est si simple et si fin qu'il trouve bien place dans le cœur détaché. Quelque chose d'assimilable n'est jamais assimilé et saisi que selon le mode particulier de celui qui l'assimile ; de même toute chose connaissable est saisie et comprise selon le pouvoir de celui *qui* la comprend, et non pas comme elle est prise en elle-même.

Les maîtres ont loué aussi *l'humilité* de préférence à beaucoup d'autres vertus. Mais je mets le détachement au-dessus de toute humilité. Et cela pour la raison suivante : l'humilité peut exister sans détachement, mais non pas le parfait détachement sans une humilité parfaite. Car celle-ci tend à la destruction de notre moi. Or le détachement frôle de si près le néant qu'entre le détachement *parfait* et le néant il n'y a aucune différence. C'est pourquoi il ne peut absolument pas y avoir de détachement parfait sans humilité. Mais deux vertus sont toujours mieux qu'une. Ma *seconde* raison est celle-ci : l'humilité parfaite se courbe au-dessous de toutes les créatures — par quoi l'homme sort de lui vers la créature ; mais le détachement reste en lui-même. Or, quelque remarquable que puisse être une telle sortie de soi-même, rester en soi-même est pourtant toujours quelque chose d'encore plus haut. C'est pourquoi le

prophète dit : « Toute la magnificence de
la fille du roi vient de son intérieur. » Le
détachement parfait ne connaît aucun regard sur la créature, ni fléchissement de
genou, ni fierté dans le maintien, il ne veut
être ni au-dessous ni au-dessus des autres,
il ne veut que reposer sur lui-même, sans
souci de l'amour ou de la souffrance de
personne. Il n'aspire ni à l'égalité ni à l'iné-
galité avec quelque autre être que ce soit, il
ne veut pas ceci ou cela, il ne veut qu'être
un avec soi-même ! Mais être ceci ou cela
il ne le veut pas, car celui qui le veut il
veut être *quelque chose*, mais le détachement veut n'être *rien* ! C'est pourquoi toutes
choses sont indifférentes pour lui.

Maintenant on pourrait objecter : la Sainte
Vierge avait pourtant toutes les vertus, et
donc aussi celle du détachement dans sa
plus haute perfection. Si celle-ci est plus
haute que l'humilité, pourquoi Notre-Dame
glorifia-t-elle son humilité et non son détachement quand elle dit : « Il regarda l'humilité de sa servante » ? À cela je réponds : en
Dieu est aussi bien le détachement que

l'humilité — si tant est qu'on puisse du tout parler de vertus en Dieu. Ce fut son humilité pleine d'amour qui porta Dieu à s'abaisser à prendre la nature humaine, et pourtant, en devenant homme, il resta en lui-même aussi impassible que quand il créa le ciel et la terre — ainsi que je l'exposerai plus loin. Le Seigneur demeurant donc, quand il voulut devenir homme, dans son détachement impassible, Notre-Dame savait bien qu'il attendait d'elle la même chose quand il regarda aussi en outre son humilité et non son détachement. C'est pourquoi elle demeura dans un détachement impassible, mais ne se glorifia que de son humilité et non de son détachement. Car même si elle n'avait pensé à celui-ci que d'un mot, disant par exemple : « Il regarda mon détachement », celui-ci aurait par là été troublé, parce que par là elle serait sortie d'elle-même. Car quelque infime que soit une telle sortie d'elle-même, elle trouble toujours le détachement. C'est pourquoi le prophète dit : « Je veux me taire et entendre ce que dit en moi mon Seigneur et mon Dieu. » Comme s'il disait : si Dieu veut me parler, qu'il entre, je ne veux pas sortir ! Et Boëce dit : « Ô hommes, pourquoi cherchez-vous *hors* de vous ce qui est *en* vous : la béatitude ? »

Je mets aussi le détachement au-dessus de la *compassion*. En effet, la compassion n'est rien d'autre que le fait pour l'homme de sortir de lui-même vers les défauts de son prochain et d'en avoir le cœur troublé. De cela le détachement est affranchi, il reste en lui-même et ne se laisse troubler par *rien*. — Bref, quand je considère toutes les vertus, je n'en trouve aucune qui soit aussi parfaite et qui nous fasse autant ressembler à Dieu que le détachement.

Un maître nommé Vincent dit : « L'esprit qui est détaché, sa puissance est si grande : ce qu'il voit, cela est vrai, et ce qu'il désire cela lui est accordé, et là où il commande il faut lui obéir ! » Oui, vraiment, l'esprit devenu libre, dans son détachement, il *contraint* Dieu à venir à lui ; et s'il était en état de demeurer sans forme et sans faire d'acte étranger à son essence, il tirerait à

lui l'essence la plus personnelle de Dieu.
Mais cela Dieu ne peut le donner à personne qu'à lui-même. C'est pourquoi, avec
l'esprit détaché, il ne peut faire autrement
que de se donner *lui-même* à lui. L'homme
qui est complètement détaché est tellement ravi dans l'éternité que rien de passager ne peut plus l'amener à recevoir une
sensation corporelle. Il est mort au monde
parce que rien de terrestre ne lui dit plus
rien. C'est cela que saint Paul avait en
l'esprit quand il disait : « Je vis et ne vis
pourtant pas. Le Christ vit en moi. »

Maintenant, tu demanderas : qu'est donc
le détachement, pour qu'il cache en lui une
pareille puissance ? Le vrai détachement
signifie que l'esprit se tient impassible dans
tout ce qui lui arrive, que ce soit agréable
ou douloureux, un honneur ou une honte,
comme une large montagne se tient impassible sous un vent léger. Rien ne rend
l'homme plus semblable à Dieu que ce détachement impassible. Car que Dieu est
Dieu, cela repose sur son détachement impassible : de là découlent sa pureté, sa sim-

plicité et son immutabilité. Si donc l'homme doit devenir semblable à Dieu (dans la mesure où l'égalité avec Dieu peut échoir à une créature), cela ne peut arriver que par le détachement. Il transpose ensuite l'homme en pureté, et de celle-ci en simplicité, et de celle-ci en immutabilité ; et ces qualités produisent une ressemblance entre Dieu et l'homme. Cette ressemblance doit être produite par la grâce : qui ne fait qu'élever l'homme au-dessus du temporel et le purifie de tout ce qui est passager. Tiens-le-toi pour dit : être vide de tout le créé, cela veut dire être plein de Dieu, et être rempli du créé, cela veut dire être vide de Dieu.

Dans ce détachement impassible Dieu s'est tenu, et se tient encore, *éternellement*. Même quand il créa le ciel et la terre et toutes les créatures, cela ne touchait pas plus son détachement que s'il n'eût jamais rien créé. Oui, je l'affirme : toutes les prières et toutes les bonnes œuvres que l'homme peut accomplir ici dans le temps, le détachement de Dieu en est aussi peu touché

que s'il n'y avait absolument rien de tout
cela, et Dieu n'en est en rien plus clément
ou mieux disposé envers l'homme que s'il
n'avait jamais fait ces prières ou accompli
ces bonnes œuvres. Oui, même quand au
sein de la divinité le Fils voulut devenir
homme et le devint et souffrit le martyre,
cela ne toucha pas l'impassible détachement de Dieu, pas plus que s'il n'était
jamais devenu homme.

Maintenant, tu pourrais dire : « Voici
donc que j'entends que toutes les prières et
bonnes œuvres sont perdues, car Dieu ne
se soucie pas qu'on veuille par là le déter-
miner ; et l'on dit pourtant que Dieu veut
qu'on le prie pour tout ! » — Ici il faut que
tu fasses bien attention et aussi que tu me
comprennes bien (si tu le peux) : d'un premier regard éternel — si nous pouvons
parler ici d'un *premier* regard — Dieu vit
toutes choses comme elles devaient arriver, et vit dans le même regard quand et
comment il créerait les créatures ; il vit
aussi la plus infime prière ou bonne œuvre
qui serait accomplie par quiconque et vit

quelle prière et quelle dévotion il exauce-
rait ; il vit que tu l'invoqueras demain ins-
tamment et le prieras avec un profond
sérieux ; et cette imploration et cette prière
ce n'est pas demain seulement que Dieu
l'entendra et l'exaucera, mais il l'*a* exaucée
dans son éternité avant que tu ne devins-
ses homme. Mais si ta prière n'est pas
honnête ni sérieuse, ce n'est pas *maintenant* que Dieu refusera de t'entendre : il l'a
déjà refusé dans son éternité. Ainsi Dieu a
tout vu de son premier regard ; il n'opère
rien à l'occasion, mais tout est déjà fait
d'avance. Ainsi donc Dieu ne cesse d'être
dans son détachement impassible : et la
prière des gens et leurs bonnes œuvres
n'en sont pas pour cela perdues, mais qui
agit bien sera aussi bien récompensé. Phi-
lippe dit : « Dieu le créateur *maintient* les
choses dans la voie et dans l'ordre qu'il
leur a donnés depuis le commencement. Il
n'y a chez lui rien de fini et rien non plus
de futur : il a *éternellement* aimé tous les
saints comme il les a prévus avant que le
monde ne fût ! Et quand il arrive que se

passe dans le temps ce qu'il a prévu dans l'*éternité*, les hommes s'imaginent que Dieu a pris de nouvelles dispositions. Mais quand il s'irrite contre nous ou quand il nous fait quelque bien, *nous* seuls sommes changés, lui reste immuable ; comme la lumière du soleil fait du mal aux yeux malades et du bien aux yeux sains et pourtant reste elle-même sans changement. *Dieu* ne regarde pas dans le temps et devant *son* regard n'arrive rien de nouveau. » C'est dans ce sens que parle aussi Isidore dans le livre sur le Bien suprême quand il dit : « Maintes personnes demandent ce que Dieu faisait avant qu'il eût créé le ciel et la terre, ou bien d'où vint en Dieu la volonté nouvelle de créer les créatures. » Je réponds : aucune volonté nouvelle ne s'est jamais éveillée en Dieu, mais s'il est vrai que le créé n'a pas toujours existé ainsi en lui-même comme aujourd'hui, il était pourtant de toute éternité en Dieu et en sa raison. Dieu n'a pas créé le ciel et la terre de la même façon que *nous* leur assignons, à la façon humaine, un devenir, non, mais toutes les créatures sont de toute éternité dites dans le Verbe divin. Moïse dit au Seigneur : « Seigneur, quand Pharaon me demande qui tu es, comment dois-je répondre ? » Et le Seigneur répond : « Parle ainsi : celui qui *est*, c'est *lui* qui m'a envoyé. » Ce qui veut dire : celui qui est l'*immuable* en lui-même, c'est *lui* qui m'a envoyé.

On pourrait encore objecter : « Le Christ avait-il aussi le détachement impassible quand il s'écria : "Mon âme est triste jusqu'à la mort !" et Marie quand elle était debout au pied de la croix ? — et l'on parle pourtant beaucoup de ses plaintes : comment tout ceci s'accorde-t-il avec le détachement impassible ? » Eh bien ! dans chaque homme se trouvent à proprement parler, comme l'enseignent les maîtres, deux hommes : d'une part l'homme *extérieur* ou sensuel ; au service de celui-ci sont les cinq sens, qui d'ailleurs reçoivent aussi en réalité leur pouvoir de l'*âme* ; d'autre part l'homme *intérieur*, l'intériorité de l'homme. Or, chaque homme qui aime

Dieu ne dépense les forces de l'âme dans l'homme extérieur que dans la mesure où les cinq sens en ont absolument besoin : son homme intérieur ne se tourne vers les sens que dans la mesure où il est pour eux un indicateur et un conducteur et les détourne de faire usage de leur objet d'une façon bestiale comme le font certaines gens, qui vivent en suivant leurs désirs corporels comme les animaux privés de raison et devraient plutôt être appelés des animaux que des hommes ! Mais le surplus de forces qui dépasse ce qu'elle donne aux sens, l'âme le tourne entièrement vers l'homme intérieur ; oui, quand celui-ci a pour objet quelque chose de très haut et de très noble, elle tire à elle-même les forces qu'elle avait prêtées aux cinq sens, et alors on dit que l'homme est hors de ses sens et ravi. Car son objet est ou bien quelque chose d'imagé mais pourtant de *raisonnable* ou bien quelque chose de supraraisonnable et par là *dépourvu d'image*. Dieu attend justement de chaque homme spirituel qu'il l'aime avec *toutes* les forces de son âme ; c'est pourquoi il dit : « Aime ton Dieu de *tout* ton cœur ! » Or il y a maintes gens qui dépensent les forces de leur âme entièrement dans l'homme extérieur. Ce sont *les* gens qui consacrent toute leur pensée et leur effort aux biens passagers. Ils ne savent rien de l'homme intérieur ! Mais de même que l'homme bon, parfois, retire à son homme extérieur toutes les forces de l'âme, quand son âme est dirigée vers un objet élevé, de même des hommes semblables à des animaux retirent à leur homme intérieur toutes les forces de l'âme et les dépensent à l'extérieur. Allons plus loin : l'homme extérieur peut exercer une activité, cependant que l'homme intérieur en reste néanmoins entièrement dégagé et impassible ! Eh bien, même dans le *Christ*, tout comme dans Notre-Dame, il y avait un homme extérieur et un homme intérieur, et tout ce qu'ils exprimèrent en ce qui concerne les choses extérieures, ils ne le firent que du point de vue de l'homme extérieur, et l'homme intérieur en eux persistait dans un détachement impassible.

C'est de cette manière que le Christ a aussi prononcé les paroles : « Mon âme est triste jusqu'à la mort ! » Et quelques plaintes et gémissements que fît entendre Notre-Dame, elle n'en restait pas moins toujours dans son intérieur dans un détachement impassible. Prenez une comparaison. À la porte appartient le gond dans lequel elle tourne : je compare la planche de la porte à l'homme extérieur et le gond à l'homme intérieur. Si la porte est ouverte ou fermée, la planche de la porte se meut bien ici et là, mais le gond reste immuable en un seul lieu et n'est pas touché par le mouvement. Il en est de même ici.

Passons à la question de ce qu'est l'*objet* du pur détachement. Ce n'est pas ceci ou cela. Le détachement tend vers un pur néant, car il tend vers l'état le plus haut, dans lequel Dieu peut agir en nous entièrement à sa guise. Or ce n'est pas dans tous les cœurs que Dieu peut agir tout à fait à sa guise. Car, si tout-puissant soit-il, il ne peut pourtant agir que dans la mesure où il trouve le terrain préparé ou qu'il le prépare. « Ou qu'il le prépare », j'ajoute ces mots à cause de saint Paul, car en lui Dieu ne trouva aucune préparation, mais il le prépara seulement par l'infusion de sa grâce. C'est pourquoi je dis que Dieu agit selon qu'il trouve une préparation ; son action est autre dans l'homme que dans la pierre. À cela nous trouvons une similitude dans la nature : quand on allume un four et qu'on met dedans une pâte d'avoine, une d'orge, une de seigle et une de froment, il n'y a qu'*une* seule chaleur dans le four et pourtant elle ne produit pas le même effet dans toutes les pâtes, mais de l'une est produit un pain raffiné, de l'autre un plus grossier et du troisième un autre encore plus grossier. Ce n'est pas la faute de la chaleur mais de la matière qui se trouvait n'être pas la même. Dans un cœur où a encore place ceci ou cela se trouve facilement aussi quelque chose qui empêche Dieu d'agir pleinement. Si le cœur doit être parfaitement préparé il faut qu'il repose sur un pur néant — en celui-ci réside en même temps la plus haute puissance qu'il peut y avoir. Prenez dans la vie une comparaison : si je veux écrire sur un tableau blanc, si beau que puisse être par ailleurs ce qui est écrit dessus, cela m'induit en erreur ; si je veux bien écrire il me faut effacer ce qui est déjà sur le tableau et les choses ne vont jamais mieux que quand *rien du tout* n'est écrit dessus. De même, si *Dieu* veut écrire dans mon cœur d'une façon accomplie, alors tout ce qui s'appelle ceci ou cela doit être chassé du cœur. Comme c'est justement le cas chez un cœur détaché. Alors Dieu peut exécuter parfaitement sa haute volonté. Aucun ceci ou cela n'est donc l'objet du cœur détaché !

Je vais maintenant plus loin et pose la question : quelle est la *prière* du cœur détaché ? À quoi je réponds de la façon suivante : le détachement, la pureté ne peut absolument pas prier. Car celui qui prie, il désire de Dieu quelque chose : que ce lui soit accordé, ou il désire que Dieu lui retire quelque chose. Mais le cœur détaché ne *désire* rien et il n'a rien non plus dont il voudrait être libéré. C'est pourquoi il se tient libre de toute prière et sa prière ne consiste qu'en *ceci* : n'avoir qu'une forme avec Dieu. Nous pouvons à ce propos citer ici ce que dit Denys sur le mot de saint Paul : « Il y en a beaucoup parmi vous qui, tous, courent pour avoir la couronne, et pourtant elle ne sera qu'à un seul. » Toutes les nombreuses *forces* de l'âme courent après la couronne et pourtant elle ne sera que pour la seule *essence*. Il ajoute : « La poursuite de la couronne signifie qu'on se détourne du créé et qu'on devient un avec le non-créé. Quand l'âme y arrive, elle perd son nom : Dieu la tire si complètement en lui qu'elle en est elle-même anéantie, comme le soleil tire à soi l'aube matinale pour qu'elle s'anéantisse. » — Seul le pur détachement mène l'homme jusque-là !

Nous pouvons aussi nous référer à un mot d'Augustin : « L'âme a une entrée secrète dans la *nature divine* où toutes choses sont pour elles *anéanties*. » — Cet accès, seul le pur détachement l'offre sur terre : quand celui-ci devient parfait, l'âme devient par connaissance sans connaissance, par amour sans amour et par l'illumination obscure.

Ici nous pouvons aussi évoquer ce qu'a dit un maître : « Bienheureux sont les pauvres en esprit, qui ont laissé à Dieu toutes choses, comme il les avait avant que nous ne fussions. » — Seul un cœur pur et détaché peut accomplir cela !

Que Dieu demeure plus volontiers dans un cœur *détaché* que dans tout autre, nous nous en rendons compte par *ceci*. Si en effet tu me demandes : que cherche Dieu en toutes choses ? je te réponds avec le livre de la Sagesse, là où il dit : « En toutes choses je cherche le repos ! » Nulle part il n'y a repos complet que dans le cœur détaché. C'est pourquoi Dieu lui est plus cher que dans n'importe quel autre être ou dans n'importe quelle autre vertu.

Plus l'homme a réussi à se rendre *réceptif* à l'infusion de Dieu en lui, plus il *est* bienheureux : celui qui pousse les choses jusqu'à la préparation suprême, il se tient aussi dans la béatitude suprême. Mais on ne peut se rendre réceptif à cela que par la conformité avec Dieu. Le degré de la réceptivité se mesure suivant le degré de cette conformité. Cette conformité est instaurée en ce que l'homme s'assujettit à Dieu ; dans la mesure où il s'assujettit à la créature il est moins conforme avec Dieu. Le cœur détaché se tient libre et affranchi de toutes les créatures, il est entièrement assujetti à Dieu et se tient dans la plus haute conformité avec lui : c'est pourquoi il est dans l'état le plus réceptif pour l'infusion de Dieu. C'est ce que voulait dire saint Paul quand il disait : « Revêtez Jésus-Christ ! » Il entendait par là la conformité avec le Christ. Tu dois en effet le savoir : quand le Christ devint homme, il n'assuma pas un être humain déterminé, il assuma la *nature* humaine. Si donc tu te retires de tout, il ne reste que ce que le Christ a assumé, et ainsi tu as revêtu le Christ.

Maintenant, celui qui veut bien se rendre compte de la *valeur* et de l'*utilité* du parfait détachement, qu'il prenne en considération les paroles que le Christ a dites à ses disciples sur son apparition humaine :

« Il est bon pour vous que je vous quitte, car si je ne vous quitte pas vous ne pouvez recevoir le Saint-Esprit. » Comme s'il disait : « Vous avez tiré jusqu'à présent trop de joie de ma présence visible, c'est pourquoi vous ne pouviez recevoir la joie *parfaite* du Saint-Esprit. Dépouillez-vous donc de tout ce qui est *image* et unissez-vous à l'essence sans image et sans forme. Car la consolation spirituelle de Dieu est douce, c'est pourquoi elle ne veut s'offrir qu'à celui qui méprise la consolation perceptible par les sens. » En vérité je le dis pour tous les gens qui réfléchissent : il n'en va de personne aussi bien que de celui qui se tient dans le plus grand détachement. Toute joie corporelle et charnelle apporte avec elle un dommage spirituel, car la chair désire contre l'esprit et l'esprit contre la chair. Celui qui sème dans la chair le faux amour, il récolte la mort ; celui qui sème dans l'esprit le vrai amour, il récolte la vie éternelle. Plus l'homme s'éloigne de la créature, plus le Créateur se hâte vers lui. Eh bien donc ! si la joie, déjà, que nous pouvions avoir à la présence corporelle du Christ nous fait du tort pour la réceptivité du Saint-Esprit, combien davantage la joie déplacée que nous prenons aux choses périssables ne doit-elle pas nous faire du tort vis-à-vis de Dieu ?

C'est pourquoi le détachement est ce qu'il y a de meilleur, car il rapproprie l'âme, purifie la conscience, allume le cœur et éveille l'esprit, il donne de la rapidité au désir, il surpasse toutes les vertus : car il nous fait connaître Dieu, il sépare de ce qui est de la créature et unit l'âme à Dieu. Car un amour partagé est comme de l'eau répandue dans le feu, mais un amour unique est comme un rayon de plein miel.

Remarquez-le bien, vous tous, esprits réfléchis : le coursier le plus rapide qui vous porte vers la perfection est la souffrance. Personne ne jouit d'une telle béatitude éternelle que ceux qui se tiennent avec le Christ dans la plus grande amertume. Rien n'est aussi amer (comme du fiel) que la souffrance : et rien n'est aussi doux (comme miel) que d'avoir souffert.

Le fondement le plus assuré sur lequel peut reposer cette perfection est l'humilité. Car celui dont l'homme naturel rampe ici-bas dans l'abaissement le plus profond, son esprit vole vers les hauteurs suprêmes de la divinité. Car la joie apporte la souffrance — et la souffrance apporte la joie !

Les voies des hommes sont variées : l'un vit de telle façon, l'autre de telle autre. Celui qui veut arriver à la vie la plus haute dans cette temporalité, qu'il saisisse en peu de mots le bref enseignement tiré de toutes les écritures que nous formulons comme suit :

Tiens-toi à l'écart de tous les hommes, ne te laisse troubler par aucune impression reçue, rends-toi libre de tout ce qui pourrait donner à ton être une participation étrangère, te lier au terrestre et t'apporter des soucis, et dirige toujours ton esprit vers une contemplation salutaire : dans laquelle tu portes *Dieu* dans ton cœur, comme l'objet devant lequel ton regard ne vacillera jamais ! Quant à ce qui concerne les exercices : le jeûne, la veille ou la prière, dirige-les tous vers lui comme vers leur but et n'en fais que ce qu'il faut pour qu'ils puissent te faire avancer vers lui ; ainsi tu atteindras le sommet de la perfection. Maintenant, quelqu'un pourrait dire : qui pourrait donc soutenir le regard immobile de l'objet divin ? Je lui réponds : personne qui vit, ici dans le temps. Aussi cela ne doit-il t'être dit que pour que tu saches ce qui est *le plus haut* et vers quoi tu dois diriger ton désir et ton effort. Mais si cette contemplation t'est retirée et si tu es un homme bon cela doit t'être comme si on te prenait ta béatitude éternelle. Alors reviens-y *bientôt* pour qu'elle [la contemplation] redevienne tienne ; et tiens-toi toujours fermement sur tes gardes ; et que ce soit là-haut, dans la mesure où c'est possible, que tu aies ton but et ton refuge.

Seigneur et Dieu, à toi soit la louange éternellement ! *Amen.*

*Instruction
pour la vie contemplative*

C'est une touche de la grâce divine, quand l'homme aime à lire ou à entendre parler de Dieu, et c'est là pour l'âme un magnifique régal. S'occuper soi-même dans ses pensées avec Dieu, c'est plus doux que le miel. Mais connaître Dieu, quelle plénitude de consolation pour une âme noble ! Et s'unir complètement à Dieu dans l'amour, c'est la joie éternelle ! Déjà ici-bas l'homme doit pouvoir la goûter exactement dans la mesure où il s'y dispose. Il n'y a que trop peu de gens qui sont parfaitement disposés à la contemplation du merveilleux miroir divin ; il y en a déjà peu qui possèdent à quelque degré, ici sur terre, la vie contemplative. Pas mal s'engagent dans cette voie — et n'aboutissent pas.

Cela vient de ce qu'ils ne se sont pas aussi exercés de façon convenable dans la vie *active*, la vie de Marthe. Comme l'aigle rejette son aiglon quand il ne peut regarder le soleil en face, ainsi doit-il en être de même pour l'enfant spirituel ! Celui qui veut édifier une construction élevée, il faut qu'il établisse solidement de fortes fondations. La vraie fondation est le comportement et la voie exemplaire de Notre-Seigneur Jésus-Christ. Il a dit lui-même : « Je suis la voie, la vérité et la vie. » Si l'âme, dit Denys, veut suivre Dieu dans les déserts de la divinité, le corps doit tout autant, ici à l'extérieur, suivre le Christ dans sa *pauvreté volontaire*.

« Un tel homme va oisif ! » Saint Bernard répond : « Je n'appelle pas cela de l'oisiveté quand on attend Dieu ; c'est un travail au-dessus de tout travail pour celui qui ne le peut pas encore tout à fait. » Mais qui veut chercher Dieu il doit le chercher dans la divinité ! Le Christ ne dit-il pas : « Si père et mère, ou quoi que ce soit veut t'en empêcher, tu dois laisser tout derrière toi et servir Dieu sans aucun empêchement ! » Ou bien dans la langue du philosophe : L'homme qui est touché par l'action de la première cause, il n'a pas besoin de chercher conseil auprès de l'intelligence humaine ; il doit suivre ce qui est au-dessus de toute intelligence, car il est touché par la vérité originelle, la vérité cachée.

Si nous réfléchissons aux saintes œuvres qui jaillirent de la pauvreté de Notre-Seigneur, ou de son humilité, et si nos désirs ne nous portent pas vers elles, alors nos pensées sont vaines ! Mais même quand nous désirons ces saintes œuvres, si nous ne nous occupons pas avec application de la façon de nous y prendre pour y arriver, c'est aussi un vain désir ! On serait volontiers humble — pourtant on ne veut pas être méprisé. Être rejeté et méprisé, c'est le fruit de la vertu ! On serait aussi volontiers pauvre — sans privation ! On veut bien aussi être patient — seulement on ne veut pas en même temps de contrariétés ni d'injures ! Et ainsi pour toutes les vertus.

Les *pauvres volontaires*, eux aussi, descendent dans la vallée de l'humilité : et ils n'acceptent pas de consolation des choses périssables. Honte et contrariétés s'ensuivent, qui sont la meilleure des épreuves pour se connaître soi-même. Et c'est dans la mesure où l'homme se connaît lui-même qu'il peut en venir à la connaissance de Dieu. Ah, mes enfants, qui supportez les affronts, si le monde vous outrage, tombez avec lui sur vous-mêmes et aidez-le à vous mépriser ! Notre-Seigneur Jésus-Christ a dit : « Le serviteur n'est pas au-dessus du maître ; si le monde vous hait, sachez qu'il m'a haï le premier ! » Il faut apporter à Notre-Seigneur une expiation pour tout ce qu'il nous a fait ! On trouve bien des gens qui suivent Notre-Seigneur pour une part, pas pour l'autre. Ils renoncent à leurs biens, leurs amis, leur honneur, mais cela les touche de trop près que l'on doive faire abnégation de soi-même. Il y en a qui n'aspirent pas aux honneurs et ne les recherchent pas ; mais si quelque honneur leur échoit, cela leur fait de l'impression.

Saint Bernard dit : « Quand l'homme en vient au point où il désire ce que peu de gens réclament : la honte, l'abjection et le mépris, et l'accepte volontiers et comme un bien, il arrive à la paix et à la vraie liberté que l'on doit posséder pour la vraie contemplation du miroir de Dieu, c'est-à-dire au repos complet, à l'affranchissement de toute mobilité. » Notre-Seigneur dit lui aussi : « Si vous gardez ma parole, la vérité vous rendra *libres*. » La *liberté* de l'âme consiste en ceci : ne découvrir en soi aucune faute et ne souffrir en soi aucune imperfection spirituelle. Mais elle doit avoir encore une liberté plus haute : ne tenir à rien de ce qui a un nom, ni ceci à elle. Et le plus haut degré de la vérité est : qu'elle s'élève au-dessus d'elle-même et qu'elle se répande, avec tout ce qu'elle est, dans l'abîme sans fond de son archétype, en Dieu même. — *C'est pourquoi* Notre-Seigneur Jésus-Christ donne le conseil de renoncer à toutes choses : afin d'être d'autant moins embarrassé. Tout le temps, dit saint Bernard, où tu ne t'occupes pas de Dieu, compte-le pour perdu. Et plus loin : La tentation la plus subtile qui peut se présenter à quelqu'un est : se donner trop à faire par des œuvres extérieures. Et encore : Je ne sais rien qui prépare si bien au royaume du ciel que de ne pas avoir sa patrie parmi les choses extérieures.

L'œuvre intérieure la plus infime est plus haute et plus noble que la plus grande œuvre extérieure. Et pourtant : même l'œuvre intérieure la plus noble doit être dépouillée, si Dieu doit être purement et simplement présent à l'âme. Ceci est la meilleure de toutes les œuvres qu'on puisse faire : se diriger vers l'union avec le Dieu présent et l'attendre avec une application continue. Ainsi parle saint Paul : « Ceci est le meilleur de tout : devenir un avec Dieu. » Pour ce « devenir un » l'âme doit être séparée non seulement de toutes les œuvres extérieures, mais aussi de toutes les œuvres spirituelles et intérieures : en sorte que *Dieu* soit, tout à fait immédiatement, celui qui œuvre et que l'âme ne souffre que l'œuvre de Dieu à laquelle elle s'assujettit dans une parfaite obéissance, afin que Dieu soit en état d'engendrer son fils unique dans l'âme, tout comme en lui-même. Ceci est l'union par laquelle l'âme est davantage unie à Dieu en un instant que par toutes les œuvres qui ont jamais été accomplies, qu'elles soient corporelles ou spirituelles. Plus cette naissance se produit souvent dans l'âme, plus elle est unie à Dieu. Dieu « naît » dans l'âme libérée, en ce qu'il se révèle à elle d'une manière nouvelle qui est sans aucune manière, dans une illumination qui n'est plus une illumination, qui est la lumière divine elle-même. Saint Augustin dit à ce propos : « Quand l'âme est allumée par l'amour divin, Dieu est né dans l'âme, et le Saint-Esprit est un attiseur de l'amour. »

Si Dieu a accordé à l'âme une lumière divine, c'est *pour* pouvoir agir avec joie dans sa propre image. Seulement aucune créature ne peut agir au-delà de la limite qui lui est fixée par ses aptitudes. Ainsi donc l'âme ne peut pas non plus agir au-dessus d'elle-même avec ce dont Dieu l'a gratifiée comme cadeau de noces dans la forme de son plus haut pouvoir. Quelque divine que soit d'ailleurs cette lumière, elle est pourtant quelque chose de créé : le Créateur est une chose, et cette lumière une autre chose. C'est pourquoi Dieu vient vers l'âme dans l'*amour*, pour que l'amour l'élève et la mette en état d'agir au-dessus d'elle-même. L'amour n'entre pas en activité là où il ne trouve pas, ou n'instaure pas, ce qui lui est conforme : ce n'est que dans la mesure où Dieu trouve son image dans l'âme qu'il se manifeste. Il faut que l'amour soit sans bornes, alors Dieu peut agir suivant la mesure de l'amour. Même si l'homme vivait mille ans il pourrait encore et toujours progresser dans l'amour. Il en est comme pour le feu : aussi longtemps qu'il trouve du bois il s'élève ; plus le feu est déjà grand et plus le vent souffle fort, plus il s'accroît. Mettons maintenant l'amour à la place du feu et le Saint-Esprit à la place du vent ; plus l'amour est grand et plus le Saint-

Esprit, sous la forme de la grâce, souffle, plus est menée loin l'œuvre de la perfection. Pourtant pas en une seule fois, mais peu à peu, par l'accroissement de l'âme. Car si l'homme tout entier prenait feu d'un seul coup, ce ne serait pas bon.

L'âme devient tellement une avec Dieu que la grâce la rétrécit ; elle n'est pas satisfaite avec la grâce, parce qu'elle est quelque chose de créé. L'âme est sous l'empire d'un charme merveilleux, elle ne sait pas qu'*elle* est, elle se figure qu'elle est Dieu ; tellement elle sort d'elle-même. Pourtant, si loin qu'elle aille hors d'elle-même, elle continue pourtant à exister en tant que *créature*. Comme quand on verse une goutte d'eau dans un fût de vin : elle n'est pas anéantie ! Si l'âme se regarde elle-même, elle voit l'esprit. Si elle regarde l'ange, elle voit encore l'esprit. Dieu pourtant est si totalement esprit, que vis-à-vis de lui l'esprit et l'ange sont presque quelque chose de corporel. Si quelqu'un peignait en noir le plus haut parmi les séraphins, la ressemblance serait bien plus grande que si on voulait peindre Dieu dans la forme du plus haut des séraphins ; ce serait dissemblant au-delà de toute mesure !

Or donc celui qui veut posséder la vie contemplative, il doit être enflammé dans le Saint-Esprit par l'*amour* le plus brûlant. Plutôt que de commettre sciemment un péché, petit ou grand, il devrait préférer vouloir subir tous les martyres qu'on pourrait imaginer à son intention. Pourrait-on, avec un seul péché véniel, sauver de l'enfer tant d'âmes qu'on ne pourrait les compter, on ne devrait pas les sauver. C'est un tel amour qu'il faut avoir envers Dieu si l'on veut avoir de l'intimité avec lui dans la contemplation ! — Il faut avoir en outre un *cœur exempt de soucis*. — Et quand on s'y prépare il faut avoir un *lieu* solitaire où l'on ne soit pas dérangé. — En outre le *corps* doit être au repos et dégagé de toute occupation, non seulement des mains, mais aussi de la langue et de tous les cinq sens : l'homme ne peut mieux éprouver sa pureté que par le silence. Si par contre le corps n'est pas au repos, on est facilement vaincu par la paresse : alors il faut avec une grande tension de l'esprit laisser dominer la raison, portée par l'amour divin.

Alors on gagnera une *libre clairvoyance* dans l'inhibition des sens, en sorte qu'on s'élève intérieurement au-dessus de soi-même jusqu'à la merveilleuse sagesse de Dieu — qui pourtant est tout à fait incompréhensible pour toutes les *créatures*. Il faut s'élever à la hauteur de Dieu ! « L'homme doit s'efforcer de se redresser jusqu'à la hauteur du cœur, par là *Dieu* est élevé ! » Ainsi parle David. Alors la bassesse et la petitesse de toutes les créatures sont résorbées dans la hauteur de Dieu.

De plus, on obtiendra la perfection et la stabilité de l'*éternité*. Car là il n'y a plus de temps ni d'espace, d'avant ni d'après, mais tout est présentement décidé dans un nouveau, dans un verdoyant « voici que » ! dans lequel mille ans sont aussi courts et aussi rapides qu'un instant.

On obtiendra en outre une participation à la *joie* si diverse de l'armée céleste. Tant de joie, seule l'éprouve déjà la reine du ciel, Marie : le reste de l'armée céleste n'aurait-il que la millième partie de sa joie, chacun n'en posséderait pas moins encore beaucoup plus que l'âme n'en a jamais éprouvé. Là chaque esprit se réjouit de la joie de l'autre et en jouit tout autant que de la sienne propre — suivant sa mesure. Chacun dans le royaume céleste a existence, connaissance et sentiment d'amour en *Dieu*, en soi et en tout *autre* esprit, qu'il soit ange ou âme. Et quant à la perception discriminative de la façon dont *un* Dieu est dans les trois Personnes, et les trois Personnes sont un Dieu, ils en ont une joie si indiciblement merveilleuse que toutes leurs aspirations sont satisfaites. Et justement ce dont ils sont pleins, c'est cela qu'ils désirent sans cesse, et ce qu'ils désirent, ils le possèdent continuellement dans un nouveau, verdoyant, joyeux ravissement. Et ils peuvent en parfaite sécurité jouir de cette béatitude dans les siècles des siècles.

Et ensuite on doit s'avancer et pénétrer jusque dans la *vérité* : vers l'*unité pure* qui

est Dieu même — sans y chercher le sien ;
ainsi on arrive dans d'extraordinaires merveilles. Devant ces merveilles on doit rester
interdit, car l'intelligence ne peut tenter de
les expliquer. Qui veut néanmoins scruter
la merveille de Dieu, il tire facilement sa
science — de lui-même !

De la perfection de l'âme

DE LA NOBLE STRUCTURE DE L'ÂME

Qui veut arriver à la plus haute perfection de son être et à la contemplation de Dieu, du Bien suprême, il faut qu'il ait une connaissance de lui-même, comme de ce qui est au-dessus de lui, jusqu'au fond. Ce n'est qu'ainsi qu'il arrive à la plus haute pureté. C'est pourquoi, cher être humain, apprends à te connaître toi-même, cela t'est meilleur que si tu connaissais les forces de toutes les créatures ! Pour savoir *comment* tu dois te connaître toi-même, observe deux choses :

D'abord veille à ce que tes sens *extérieurs* remplissent leurs fonctions de façon correcte. Considère que le mal ne se présente pas moins à la vue que le bien ; l'un se presse à l'oreille tout autant que l'autre ; et ainsi pour tous les sens. C'est pourquoi il faut vous diriger avec tout votre sérieux vers le *Bien* ! Voilà pour les sens extérieurs.

Parlons maintenant des sens *intérieurs* ou des puissances *supérieures* de l'âme ! Nous distinguons les plus basses et les plus élevées. Les plus basses sont un moyen terme entre les puissances plus hautes et les sens extérieurs. Elles s'étendent jusque tout près de ceux-ci : ce que l'œil voit, ce que l'oreille entend, le sens le présente tout d'abord au désir. Si ici on prend position correctement, le désir le présente à son tour à la deuxième des puissances : la considération. Celle-ci le mène à l'appréciation et le présente ensuite de nouveau à la faculté de discernement ou à l'intellect. Ainsi elle est décantée toujours davantage pour être reçue par les puissances supérieures. Car l'âme possède la noble faculté de dépouiller ce qu'elle reçoit de la ressemblance avec elle-même et de tout caractère sensible et de l'apporter ainsi aux puissances supérieures, où cela est conservé par la *mémoire*, pénétré par la *raison* et accompli par la *volonté*. Ce sont là les puissances les plus hautes de l'âme. Elles sont contenues dans *une* nature : tout ce que l'âme opère, c'est sa nature simple qui l'opère, et cela par le moyen des puissances.

Maintenant on dira : qu'est-ce que c'est que la *nature* de l'âme. Ici faites bien attention : la dernière certitude dans l'âme, *c'est* la nature toute simple de l'âme. Cette nature de l'âme est si délicate que l'espace la préoccupe si peu, comme si elle n'était pas du tout en lui. On le voit à ceci : si un homme avait un ami cher à une distance d'un millier de milles, son âme de tout son pouvoir accourrait vers ce lieu et y aimerait son ami. C'est de cela que témoigne saint Augustin quand il dit : Là où l'âme aime elle est davantage que là où elle donne la vie.

Eh bien, chers amis, considérons donc les *puissances les plus élevées* selon leur distinction, comme elles sont parfaitement composées et à quoi chacune d'elles est appelée ; encore qu'elles appartiennent à une seule et même nature !

La mémoire a le don de conserver ce qui est donné — tout ce que les autres puissances apportent en elles. La seconde puissance, la raison, est si noble : quand elle se tourne vers le Bien suprême, vers Dieu lui-même, toutes les autres puissances doivent de leur mieux se tenir à son service. La troisième puissance, la volonté, possède le don d'exiger ce qu'elle veut, d'interdire ce qu'elle ne veut pas ; ce qu'elle ne veut pas elle en est libre et affranchie.

Parmi les maîtres on dispute si la raison doit avoir la prééminence ou si c'est la volonté ? Voyez ! c'est ainsi qu'il en est avec ces deux puissances : les choses qui sont maintenant pour nous trop élevées, la raison les *remarque* pourtant. En revanche c'est la volonté seule qui *peut* toutes choses. C'est ce dont témoigne saint Paul quand il dit : « Je peux toutes choses avec Dieu qui me fortifie. » Quand, donc, la raison ne peut aller plus loin, alors la volonté, à la lumière et dans la force de la foi, prend son essor au-dessus d'elle. Là la volonté veut être supérieure à toute connaissance. C'est sa plus haute performance.

Eh bien, voyez ! encore que la volonté ait la liberté de faire et de ne pas faire ce qu'elle veut, néanmoins elle n'accomplit pas cette élévation suprême seule et par sa propre force, mais elle y est aidée pour une part aussi bien par les autres puissances que par la foi. Cette aide est de la nature suivante. Aux puissances est commune la nature simple de l'âme ; c'est elle aussi qui réalise cet essor dans la volonté. Ce sont donc aussi les autres facultés, en tant qu'elles sont contenues également dans la nature simple de l'âme, qui sont les causes de l'élévation. Ceci est *une* aide. Allons plus loin et demandons-nous quelle est dans la trinité de l'âme la puissance dans laquelle la foi jaillit la première. C'est celle du milieu : la foi prend naissance dans la connaissance. Mais c'est dans la volonté qu'elle porte des fruits — et la volonté à son tour porte des fruits dans la foi. Ainsi donc la lumière de la foi est, elle aussi, cause de cette élévation. Ceci est, *derechef*, une aide. Et il y a lieu de parler encore d'une autre aide. La raison est tournée vers le dehors : elle entend et perçoit ; par là elle accomplit ensuite son œuvre de séparation, de mise en ordre et de placement. Mais même si elle s'adonne à son œuvre avec la plus grande perfection, elle a néanmoins toujours quelque chose au-dessus d'elle qu'elle ne peut approfondir. Mais toujours est-il qu'elle reconnaît pourtant *qu'il* y a là encore quelque chose au-dessus d'elle. Ceci, elle le fait donc savoir à la volonté — non en tant qu'elles sont deux facultés séparées, mais au contraire dans l'unité de la nature qui leur est commune. Par cette indication la connaissance donne à la volonté de l'élan et la fait entrer dans ce domaine qui est au-dessus d'elle.

À cet égard, la raison se tient au-dessus de la volonté. Par contre, si on envisage chacune en ses opérations propres il faut reconnaître à la *volonté* une certaine supériorité, là c'est *elle* qui a la mission la plus noble : elle est l'objet des largesses du souverain Bien, de Dieu même. Que reçoit-

elle ? La grâce, et *dans* la grâce le Bien
suprême lui-même. Ce qui ainsi échoit à
l'âme en partage, cela lui échoit uniquement
par le moyen de la volonté. Pourtant
ce n'est pas la volonté elle-même qui reçoit
la lumière, car ce n'est pas son genre de
recevoir, mais par le don de la grâce du
souverain Bien les autres puissances sont,
dans la nature simple de l'âme, affermies,
et ainsi est allumée la lumière du Saint-
Esprit dans cette *première* des puissances.
Cette lumière façonne ensuite l'âme en y
déployant toute son action. C'est pourquoi
Isaïe dit : « C'est *Dieu* qui opère toutes nos
œuvres ! » C'est la lumière de la *grâce* —
qu'en raison de cette lumière éclairante
nous appelons la lumière *naturelle*. C'est
un signe infaillible de cette lumière de la
grâce, quand un homme d'un mouvement
de la libre volonté quitte les choses temporelles
pour se tourner vers le souverain Bien,
vers Dieu. Voyez ! nous devrions l'aimer
d'avoir accordé à l'âme un don si élevé :
quand elle a déjà fait tout ce qu'elle peut
faire, la volonté a encore, dans sa particu-

larité, la liberté de prendre son essor et de parvenir de l'autre côté, dans la connaissance qui est Dieu même. Seul cet essor élève l'âme sur le sommet de la perfection. — En vérité quel être merveilleux Dieu a ainsi créé de rien à sa propre image !

Quant à la façon dont l'âme s'y prend pour *arriver* à sa plus haute perfection et splendeur, voici : Un maître dit : Dieu est par la grâce porté et planté dans l'âme ; de là jaillit en elle une divine fontaine d'amour qui ramène l'âme en Dieu. — Il en va bizarrement avec ces choses. *Un* saint dit : Tout ce qu'on peut dire de Dieu, Dieu ne l'est pas. Un *autre* dit : Tout ce qu'on ne peut dire que de Dieu, Dieu l'est aussi. Sur quoi un grand maître décide qu'ils ont *tous deux* raison ! Dans le même sens que ces trois saints je dis ce qui suit : Quand l'âme s'est, avec sa raison, approprié le divin, celui-ci est à son tour repassé à la volonté. Celle-ci s'en imprègne tellement qu'elle devient une avec ce qu'elle a pris en elle. Alors seulement elle le porte plus loin et le plante aussi dans la mémoire. C'est ainsi que Dieu est porté dans l'âme et planté en elle. Et voici que la divine fontaine d'amour commence à déborder dans l'âme, en sorte que les puissances supérieures se déversent dans les inférieures, et les inférieures dans l'homme extérieur et le soulèvent au-dessus de tout ce qui est inférieur, si bien que toute son action est spiritualisée. Car comme l'*esprit* agit par impulsion divine, de même il faut que l'homme *extérieur* agisse par l'impulsion de l'esprit. Ô merveille des merveilles, quand je pense à l'union avec Dieu qui échoit à l'âme en partage ! Il fait déborder l'âme de joie et de ravissement. Car rien de ce qui a un nom ne lui suffit plus. Or, étant elle-même une nature nommée, elle-même non plus ne se suffit plus : la divine fontaine d'amour ruisselle sur elle, l'arrache à elle-même et l'introduit dans l'essence sans nom, dans sa source, en Dieu. — Car encore que la créature lui ait donné un nom, il est pourtant en lui-même une essence sans nom. — C'est ainsi que l'âme arrive au sommet de sa perfection.

Maintenant allons plus loin, chers amis, et parlons de la noble structure de l'âme. Saint Augustin dit : Tout comme *Dieu* est constitué, l'*âme* l'est aussi. Si donc Dieu ne l'avait pas formée d'après son propre modèle afin qu'elle devienne Dieu *au moyen* de la grâce, elle ne pourrait jamais non plus devenir Dieu *au-dessus de* toute grâce. Mais combien exactement elle est constituée d'après l'image de la sainte Trinité, vous pouvez vous en rendre compte en considérant Dieu :

Dieu est triple — sous le rapport des personnes, et en même temps un — sous le rapport de sa simple nature. Dieu est en tous lieux et entièrement dans chacun ; ceci signifie que pour Dieu tous les lieux n'en sont qu'un seul. Dieu possède en outre une vision anticipée de toutes choses et arrange tout d'avance dans sa providence. Tout cela, il l'a par nature. Mais c'est justement ainsi que l'âme est aussi constituée, elle aussi est triple — sous le rapport des puissances, et en même temps simple — sous le rapport de sa pure nature. Elle aussi est entièrement dans tous ses membres et dans chacun d'eux ; c'est pourquoi tous ces membres ne sont pour l'âme qu'un seul lien. Elle aussi a une providence et arrange *les* choses qui *lui* sont possibles. Tout ce qu'on peut dire de Dieu, on en trouve dans l'âme une image en quelque chose. C'est pourquoi Augustin dit avec raison : Comme Dieu est constitué, l'âme l'est aussi. Dieu a donc conféré à l'âme la similitude avec lui-même ; et si l'âme ne la possédait pas elle ne serait absolument pas capable de devenir Dieu, ni par la grâce ni au-dessus de toute grâce. Pourtant l'âme doit être encore davantage une image de l'amour divin et de l'action divine. Voilà pour la façon dont l'âme devient Dieu par la grâce.

L'âme qui demeure dans cette similitude avec Dieu et dans cette noble nature que Dieu lui a conférée et en outre progresse vers des niveaux de plus en plus élevés : pourvu qu'elle laisse toujours la matérialité derrière elle, au même instant la vie éternelle lui est ouverte. Et en même temps elle est déjà environnée de lumière divine et, dans cette lumière, affinée en Dieu et surnaturellement refaçonnée en lui. Alors chacune des *puissances* de l'âme devient l'image d'une des *personnes* divines : la volonté l'image du Saint-Esprit, le pouvoir de connaître celle du Fils, la mémoire celle du Père. Et sa *nature* devient l'image de la nature *divine*. Et pourtant l'âme indivisée reste une. — C'est là en cette matière la dernière affirmation dont me rend capable ma connaissance de moi-même.

Écoutez maintenant, en troisième lieu, dans quelle mesure l'âme devient Dieu aussi *au-dessus* de toute grâce ! Ce que Dieu, en effet, lui a ainsi conféré, cela ne doit pas se transformer à nouveau, car elle a par là atteint un état plus élevé où elle n'a plus besoin de la grâce. Dans cet état elle s'est perdue elle-même et coule en plein courant dans l'unité de la nature divine.

Bon ! maintenant on va demander comment il en va de l'âme qui s'est perdue : si elle se retrouve finalement, ou pas ? À cela je vais répondre, comme il *me* semble : à savoir qu'elle se retrouve, et au point où chaque être doué de raison est conscient de lui-même. Car elle a beau couler et s'engloutir dans l'unité de l'essence divine, elle ne peut pourtant jamais arriver au fond. C'est pourquoi Dieu lui a laissé un petit point vers lequel elle se retourne, dans son moi, et se retrouve et se reconnaît — en tant que créature. Ceci justement est essentiel à l'âme, qu'elle n'est pas capable de scruter à fond son créateur. — Maintenant je ne veux pas parler davantage de l'âme, car là, dans l'unité de l'essence divine, elle a perdu son nom. C'est pourquoi, là, elle ne s'appelle plus âme, son nom est : l'*essence* incommensurable.

DE LA CONNAISSANCE DE DIEU

Je vais maintenant parler d'une pure connaissance de Dieu. C'est vers *vous* que je me tourne, frères et sœurs, qui êtes les chers amis de Dieu et êtes chez vous auprès de lui. Suivez donc un exposé difficile et conforme aux règles de l'art !

Un mot d'abord sur les *dénominations* de la Sainte-Trinité ! Quand on parle du Père, du Fils ou du Saint-Esprit on a en vue les *Personnes* divines, quand on parle de la *Divinité*, la *nature* divine. Dans la Divinité sont les trois Personnes en vertu de l'unité de leur nature. Elles s'écoulent en tant que personnes séparées comme en tant qu'essence dans l'*essence divine*, où elles sont la divinité. Non pas que la divinité soit quelque chose de différent d'elles : elles sont elles-mêmes la divinité, en tant que leur nature et essence n'est qu'une. Elles *s'écoulent* dans l'essence : car l'essence n'est saisie que parce qu'elle est elle-même ; elle demeure dans une paix inviolée, et son action est seulement de se connaître elle-même par lui-même.

Débouchant dans la divinité, les trois Personnes sont devenues une unité indivisible. Là le Père s'écoule dans le Fils et le Fils à son tour dans le Père. (Comme le dit Notre-Seigneur Jésus-Christ : « Celui qui *me* voit, voit mon Père, mon Père est en moi et moi en lui. ») Et tous deux s'écou-

lent dans le Saint-Esprit et le Saint-Esprit
à son tour en eux. (Comme le dit Notre-
Seigneur Jésus-Christ : « Moi et mon Père
avons un seul esprit. ») Mais c'est justement
dans cet écoulement, dans cette pénétration réciproque que le Père dit la Parole,
ou le Fils, et s'exprime dans le Fils pour
toutes les créatures. Et en tant qu'il se
retourne vers lui-même, il s'exprime pour
lui-même. Ainsi le fleuve s'est écoulé en
lui-même — comme dit saint Denys.

Ainsi cet écoulement réciproque dans la
divinité est en même temps un parler sans
mot ni son, un entendre sans oreilles, un
voir sans yeux : chacune des Personnes
parle sans mots et s'exprime pour chacune
des autres — un écoulement dans lequel il
n'y a rien d'écoulé ! Laissez-moi élucider
cela par la noble âme humaine ! Elle présente, plus qu'autre chose, une image de
cette pénétration réciproque : tandis que
ses *puissances* supérieures et sa nature
simple sont en elles-mêmes déterminées
d'une même manière, chaque puissance
s'écoule dans les autres, et s'exprime pour-

tant en même temps à elle-même sans mots ni son. — Bienheureuse l'âme qui en arrive là pour contempler la lumière éternelle !

Bon ! maintenant on pourrait demander comment il en va du *pouvoir* créateur des Personnes : s'il leur revient en propre en tant que Personne ou en vertu de leur appartenance à l'essence. À cela il faut répondre : Les trois [Personnes] ne sont là qu'*un* Dieu. Non pas que l'une d'elles soit là antérieurement à l'autre : bien plutôt sont-elles comme d'*une* nature et essence comme n'étant tout simplement qu'*un* principe premier. — En tout cas, l'action elle-même n'appartient qu'à la Trinité et non à l'unité essentielle [des Personnes]. — Ceci a besoin d'explication ; saisissez-le donc tout à fait exactement !

Tout discours se reprend dans le non-discours : de cette manière les Personnes sont une incarnation de l'essence. — « Comment peut-on appeler cela un " se reprendre " ? » Parce qu'il n'y a ici ni un quelque chose de nouveau qui soit survenu, ni un quelque chose ayant été présent ! Au moyen de ce retour dans l'unité essentielle, la Trinité possède en chaque Personne le même pouvoir créateur et a accompli toutes ses œuvres sans être elle-même mise en mouvement, ou ne serait-ce que touchée, par les choses.

Encore un mot sur la proposition : « Les trois Personnes sont une incorporation de l'essence ! » Elle exprime deux choses. « Elles sont. » Par là chaque Personne est posée expressément comme une essence propre, mais : « une incarnation de l'essence » par où s'exprime que les trois Personnes et la nature unique ne font aussi ensemble qu'une essence propre. Voyez ! c'est en cela que les trois Personnes incarnent l'être unique, que chaque forme particulière ou Personne possède le même pouvoir créateur ; ce pouvoir n'appartient qu'à la Trinité parce que sa nature et son essence est l'*unité*. — Mais en voilà sans doute assez là-dessus !

« Deux choses ont été distinguées en Dieu : *Essence* et *Nature*. J'entendrais volontiers là-dessus, Seigneur, une instruction. »

— *Essence* est pur rapport à soi-même. Nature par contre désigne ce qui est commun pour les Personnes ; et pourtant tous deux ne sont qu'un. — « Excellent ami, pour l'amour de Dieu, dis-m'en davantage sur cette distinction ! » — Comprenez-moi là-dessus avec un sens éclairé et un esprit élevé ! Voyez ! Dieu, tel qu'il est *en soi*, a l'essence ; et l'être habite dans une paix inviolée ; c'est pourquoi il est immuable : il ne s'exprime pas, il n'aime pas, il ne produit pas. Et pourtant il met en mouvement ce qui se meut !

Cette distinction entre repos immuable et être en mouvement ne coïncide pas avec la distinction entre les Personnes divines et la nature divine. — Personne et nature ne représentent qu'*un* être particulier — c'est bien plutôt la différence entre *essence* et nature.

Quant à ce qu'est la *nature* divine, jamais une goutte n'en est tombée dans une intelligence créée ! Un maître dit : La nature de Dieu est *beauté*. Et j'ajoute : le Beau, donc, suscite l'éclat et son reflet : là les *Personnes* resplendissent ; chacune éclairant l'autre comme aussi elle-même. Ce n'est que dans cet échange lumineux que se parfait la beauté !

« Bien alors ! je me déclare satisfait. Mais qu'en est-il du *Verbe éternel* que le Père profère : est-il valable pour lui en tant qu'il reste dans l'essence ? » — Non ! — « Cela est-il valable pour lui en tant que Personne ? » — Non ! — « Cela est-il valable pour la pure *nature* du Père ? » — Saint Augustin apporte sur ce sujet cinq comparaisons qui sont comme sorties de la bouche de Notre-Seigneur Jésus-Christ : « Je suis venu comme un mot venant du cœur ; je suis venu comme l'éclat du soleil, je suis venu comme la chaleur du feu ; je suis venu comme une odeur de fleur ; je suis venu comme un ruisseau de sa source éternelle. » C'est donc ainsi que le Verbe éternel est *exprimé* dans la Personne du Fils et est pourtant en même temps, en tant que *Dieu*, demeuré avec sa nature dans l'unique nature divine !

« Eh bien ! Les saints docteurs disent que Dieu est *en toutes choses* ; Dieu est-il avec sa nature en toutes choses ? » — Non ! — « Comment est-il *donc* en toutes choses ? » — Voyez ! En tant que les Personnes persévèrent dans l'unité de la nature divine, Personnes et nature ne portent qu'*une* détermination en soi, elles sont exclusivement : *essence* divine. En tant que *tel*, Dieu est en tous lieux et entièrement dans chacun ! Or, Dieu étant indivisiblement un, toutes choses et tous lieux sont un unique lieu de Dieu. Ainsi toutes choses sont pleines de Dieu — pleines de son *essence* divine, sans interruption.

Il y a trois choses à remarquer sur *l'essence divine*. Elle doit être tout d'abord tout simplement un Principe premier (*Erstes*) qui maintient toutes choses. Or Dieu est avec son essence divine en toutes choses et les maintient. — Mais il est dans *l'âme* avec son essence et avec sa *nature*. Notre-Seigneur Jésus-Christ en est un témoignage vivant : il était Dieu et homme. Il nous a donné son corps adorable ; qui le reçoit dignement reçoit en même temps que la *Personne* divine, le Fils, la *nature* divine, et reçoit donc d'*un* coup la nature humaine et divine. C'est pourquoi Dieu est certainement là où il est reçu dignement. Ceci explique aussi que Dieu s'aime lui-même dans l'âme. On demandera : Comment Dieu peut-il s'aimer lui-même ? — Dieu, en étant dans tout être, reste pourtant en lui. En étant en lui, il est pour lui. C'est pourquoi, en étant dans tous les êtres, il est justement par là pour lui-même. C'est pourquoi il s'aime *lui-même*, au moyen de lui-même, dans tous les êtres !

Deuxièmement Dieu est un « Unique-Un ». Celui-ci n'est, en tant que tel, que par soi-même, et non par un autre. S'il l'était par un autre, il faudrait qu'à cet un il rendît manifeste encore cet autre. Mais ce n'est pas le cas : bien plutôt est-il en soi-même dans une telle profondeur et dans une telle paix qu'il ne peut absolument rien manifester de soi-même.

Or donc voyez ! encore que Dieu soit tout-puissant, on peut pourtant s'apercevoir ici combien son impuissance est précisément sa plus grande puissance : l'essence simple de la nature de Dieu est l'unité. L'un pur et simple est de lui-même incapable de se révéler. Là réside son impuissance, et cette impuissance est l'unité elle-même ; mais l'unité est justement la plus grande puissance de Dieu ! — Comme, donc, celle-ci n'était pas elle-même en état de manifester son essence, les trois Personnes s'en sont chargées, elles qui pour cela, dans l'unité de leur nature et de leur essence, ont toutes le même pouvoir. Et à personne elles ne l'ont plus manifesté qu'à elles-mêmes, puisque cette unité d'essence est en même temps leur essence.

Troisièmement l'essence unifie et *enferme tout en soi*. Dans cette étreinte générale Dieu le Père a perdu son nom — sans pour cela cesser en tant que *Personne* d'être le Père ; mais ceci est déjà une détermination. La même chose est vraie des deux autres Personnes. Dans cette étreinte géné-

rale Tout se résout en Tout, car, là, Tout
tient Tout enfermé en soi. Mais en soi-
même cela reste quelque chose de non
fermé pour soi.

Alors se pose la question de savoir *comment* le Premier Principe tient donc tout
enfermé en soi ? Je réponds ceci : Toutes
choses sont — en forme finie — apparues
dans le fleuve du *temps*, et sont pourtant
— en forme infinie — demeurées dans
l'*Éternité*. Là elles sont Dieu en Dieu. Prenez, de cela, une figure ! Imaginons un
maître qui aurait en soi tous les talents. Si,
de chacun de ses talents, il produisait une
œuvre, il conserverait néanmoins tous ses
talents à l'intérieur de lui-même : pris dans
le *maître* tous ses talents sont aussi : le
maître. C'est ainsi que ce Principe tient
enfermé en lui les archétypes de toutes
choses. C'est *cela* qui signifie que les choses sont *Dieu* en Dieu.

« Mais de quelle manière les choses *re-
tournent-elles* dans leur source ? » — Cela
se produit *ainsi*. Prises dans la nature humaine toutes les créatures changent leur

nom et sont ennoblies, car elles perdent en elle leur nature particulière et reviennent à leur origine. Cela arrive de deux manières. D'une part la nature humaine a le pouvoir de réaliser cet ennoblissement par l'œuvre de l'esprit, car dans celle-ci l'esprit retourne dans sa source. Et secondement : ce que l'homme absorbe comme nourriture et boisson, cela devient de quelque manière chair et sang en lui. Or c'est la croyance du chrétien que ce corps qui est sien doit ressusciter au dernier jour. Alors ressuscitent aussi toutes choses, non en elles-mêmes, mais bien en celui qui les a transformées en lui. Là elles sont aussi spiritualisées, et il n'y a là qu'*un* esprit, et elles retournent avec l'esprit dans la source. On voit par là comment dans la nature humaine chaque créature reçoit un caractère d'éternité. Par là on voit aussi la fidélité, la bonté, et tout l'amour de Dieu qui ne veut rien savoir exclu de ce qui appartient à son fidèle serviteur : il veut le prendre tout entier en lui ! *C'est pourquoi* il a enfermé chacun dans chacun. Là tout est un, une seule chose : *Tout en tout*.

On demande encore : « Comment faut-il entendre que la seconde Personne, le *Fils*, ait été envoyé dans le pur corps de Marie et ait pris la nature humaine, et par là pourtant ne cessa jamais d'être contenu dans le sein du Père ? »

— À cela il faut répondre ce qui suit :

C'est sans interruption que le Père a engendré, engendre et engendrera le Fils, cette naissance a été éternellement en lui. C'est pourquoi quand le Fils prit sur lui la nature humaine, à ce moment aussi le Père l'*engendrait*. Ceci est *une* réponse.

Comprenez-le maintenant en un autre sens ? Le Fils est la compréhension du Père par lui-même et est — *dans* le Père — l'ouvrier créateur de toutes choses. C'est pourquoi, si cet ouvrier n'a pas été actif de toute éternité il aurait été impossible au Père d'arriver à œuvrer quelque chose dans cet instant déterminé : Pendant que le Fils de Dieu prit sur lui la nature humaine dans le corps de Marie, il était en même temps dans le Père l'ouvrier de toutes choses. Voilà pour la seconde réponse.

Eh bien, prenez-le une troisième fois encore dans un autre sens ! Le Fils n'a pas moins de part à l'essence que le Père et le Saint-Esprit, il l'a en commun avec eux. C'est pourquoi le Fils est aussi, en raison de cette nature et de cette essence unitaire qui leur est commune, quelque chose de fermé : L'unité est ce qui enferme, les Personnes ce qui est enfermé par elle. Encore que les Personnes, en tant que séparées, s'affirment, chacune comme personnalité particulière manifestée, il ne leur appartient pourtant, dans cet enlacement et dans cette étreinte, qu'une qualité, celle de l'unique nature divine ! Et comme le Fils a cette qualité en commun avec le Père et le Saint-Esprit, il ne fait aussi, en tant que ce quelque chose de fermé, qu'*un* être particulier en commun avec eux. De cette façon le Fils n'a jamais été une heure séparé du Père. Je termine par là cette triple explication de la question.

Que Dieu, dans son pur éclat divin, n'ait

jamais éprouvé d'accroissement ni de dimi-
nution apparaît en toute clarté de cette
explication. — Voilà pour la connaissance
de Dieu comme aussi pour la noble consti-
tution de l'âme.

DE L'UNION DE DIEU ET DE L'ÂME

Parlons maintenant de l'*union* de l'âme
avec Dieu ! Parmi les maîtres certains enseignent qu'il n'y a rien qui unit tant l'âme
que la connaissance. Par contre d'autres
affirment justement cela de l'amour. Et à
nouveau une troisième école enseigne que
rien n'unit tant l'âme que le vrai sentiment
(*erfühlen*). Demandons-nous d'abord : En
quoi chacune de ces trois activités con-
siste-t-elle ? Eh bien ! d'abord chacune a
son existence pour elle-même. Mais dans
la plus haute activité de leur qualité propre, chacune se trouve si rapprochée de
l'autre qu'il en est d'elles presque comme
si elles étaient aussi *une* chose qui serait
triple et pourtant d'*une* seule nature ! À la

vérité il n'en est pas tout à fait ainsi ; mais il est vrai qu'au sommet de leur activité propre comme de leur progrès commun la connaissance exalte l'amour et l'amour le sentiment (*fühlen*). En quoi néanmoins chacun est actif dans son état particulier : la connaissance ennoblit l'âme vers Dieu, l'amour unit avec Dieu et le vrai sentiment la parfait en Dieu. Ces trois activités élèvent l'âme et la font croître hors de la temporalité dans l'éternité. Là l'esprit est dans un état de pureté parfaite et jouit à sa source de toute joie. Ainsi l'amour et la douceur du sentiment ont attiré l'esprit hors de lui-même — vers la simple petite étincelle qui est en lui ! Quel ravissement est alors celui de l'âme ? Je ne puis en dire que ceci : le regard qui sans interruption de l'*esprit* pénètre dans la pure divinité, le fleuve qui sans interruption coule de la divinité dans l'être simple de l'esprit, ce n'est qu'*une* représentation qui transforme l'esprit si complètement en Dieu et l'unit avec lui qu'il reçoit d'*égal* à *égal* ! Quel ravissement l'esprit éprouve dans ce commerce, cela dépasse toute imagination. Je ne puis non plus rien en dire du tout sinon que l'esprit est alors placé au sommet de sa puissance et de sa splendeur.

Maintenant on dira : « Tout ceci est bel et bon, cher ami ! mais comment *arriverai*-je à la perfection dont tu as écrit ? » — Voyez, c'est ainsi qu'il en va ! Dieu — est ce qu'il est : et ce qu'*il* est, c'est aussi à moi ; et ce qui est à moi, je l'aime ; et ce que j'aime, cela m'aime en retour et me tire en soi ; et ce qui m'a tiré en soi, je le suis plus que moi-même. Ainsi il vous faut *aimer* Dieu, alors vous deviendrez aussi Dieu avec Dieu !

Je n'en dirai pas plus sur ce sujet. Mais je veux bien vous dire encore quelque chose sur une *vie vertueuse*, afin que vous sachiez comment vous pouvez arriver à l'union. — Car qui veut venir à Dieu, il faut qu'il lui donne un paiement pour tout ce qu'il lui a fait. Pour cela il a besoin d'une vertu qui s'appelle justice. En elle sont incluses toutes les vertus. Il doit en outre être détaché et libre, intérieurement comme extérieurement. En quoi consiste la *liberté* d'un homme divinisé ? — En ceci qu'il n'est *rien* pour lui-même, ni ne désire rien non plus pour *lui*, mais seulement que toutes ses œuvres tournent à la gloire de *Dieu* ! Observez deux espèces de liberté chez les pauvres volontaires ! Premièrement ils renoncent aux amis, aux biens et à l'honneur du monde et descendent dans la vallée de l'humilité. Par là le pauvre volontaire se tient dans sa liberté *extérieure* et ne cherche plus de consolation dans les choses qui passent. Alors suivent le mépris et l'amertume de la part du monde. Eh bien, chers enfants, tenez-vous fermement dans la vallée où vous êtes descendus ; si les enfants du monde vous méprisent, ne tombez pas ! Tenez-vous fermement dans le Christ, ne pensez pas à *vous* et pénétrez-vous des paroles que dit notre cher Seigneur Jésus-Christ : « Le serviteur n'est pas au-dessus du maître, si le monde vous hait, sachez qu'il m'a haï avant vous ! » Bien plutôt devez-vous accueillir tout cela de Dieu avec un remerciement intérieur, oui, vous en trouver indigne : ainsi seulement vous avez renoncé à vous-mêmes.

Ensuite la liberté de l'*esprit* : l'homme doit être libre de cette manière qu'il ne trouve en lui aucune faute ni imperfection. Deuxièmement, libre de cette manière qu'il ne tienne à rien de ce qui a un nom, ni cela à lui. Et il doit encore être libre de cette manière qu'en toutes ses œuvres il n'ait pas en vue de récompense de la part de Dieu, mais seulement que Dieu soit par elles glorifié. Et pour finir par ce qui est le plus haut : il doit être libre de cette manière qu'il oublie son propre moi et reflue, avec tout ce qu'il est, dans l'abîme sans fond de sa source. — Ainsi agissent les pauvres volontaires qui sont descendus dans la vallée de l'humilité. Ils suivent réellement la parole de Notre-Seigneur : « Qui veut venir à moi qu'il renonce à lui-même, qu'il prenne sa croix et me suive. » Ceux qui ont renoncé à eux-mêmes et suivent Dieu, affranchis de tout, comment Dieu pourrait-il s'en empêcher : il *faut* qu'il verse sa grâce dans l'*âme* qui dans son amour s'est si entièrement détruite. Et il verse aussi sa grâce en elle et la bénit et la remplit de lui-même. Alors Dieu orne l'âme, avec lui-même, comme on orne l'or avec une pierre précieuse. Après cela il élève l'âme à la contemplation de sa divinité. Ceci se passe dans l'éternité, non dans le temps. Pourtant, déjà dans le temps, elle en a un avant-goût dans ce que je viens de dire ici d'une sainte vie. Je l'ai fait pour que vous sachiez que personne ne peut arriver à sa perfection, dans la connaissance comme dans la vie, à moins qu'il ne suive le modèle de la pauvreté volontaire ou — soit *intérieurement* pareil à un tel pauvre. Ceci est, pour tous les hommes, le meilleur.

Maintenant louons Dieu pour sa bonté éternelle, et prions-le de nous prendre avec lui à la fin de notre vie. Qu'à cela nous aide le Père, le Fils et le Saint-Esprit ! *Amen.*

L'amour est fort comme la mort

(Sermon pour la fête de sainte Madeleine.)
Fortis est ut mors dilectio.

J'ai prononcé en latin une petite phrase qui est écrite dans le Cantique des Cantiques et qui se traduit ainsi : *L'amour est fort comme la mort.*

Ce mot vient bien à propos pour louer la grande amoureuse du Christ, sainte Marie-Madeleine, dont les saints évangélistes ont beaucoup écrit, en sorte que sa renommée et son nom sont en si haute estime dans toute la chrétienté qu'il y en a peu d'autres qui l'égalent. Et encore que beaucoup de grâces et de vertus doivent être célébrées en elle, pourtant c'est avant tout l'amour ardent et extrême envers le Christ qui a brûlé en elle si inexprimablement et s'est manifesté avec une telle puissance que par son activité il peut être à juste titre comparé à la mort sévère. C'est pourquoi on peut bien dire de lui : « L'amour est fort comme la mort ! »

Il faut ici que nous prenions en considération *trois* choses que la mort corporelle fait à l'homme et dont l'amour vient aussi à bout dans l'esprit de l'homme. La *première* : qu'elle ravit à l'homme et lui retire toutes les choses périssables, en sorte qu'il ne peut désormais les posséder ni les utiliser comme il faisait jusqu'à présent. La *seconde* : qu'il faut prendre congé aussi de tous les biens spirituels dont le corps et l'âme pouvaient se réjouir : de la prière et de la dévotion, et en outre de toute vertu, du saint commerce, bref de toutes les bonnes choses d'où un homme spirituel pourrait tirer consolation, délices et joie : qu'il ne peut plus dorénavant s'y exercer, comme quelqu'un qui gît là, mort, sur la terre. La *troisième* : que la mort fait sortir l'homme de toute récompense et de tout mérite qu'il pourrait encore gagner. Car après la mort il ne peut plus désormais se rapprocher, fût-ce de l'épaisseur d'un cheveu, du *royaume du ciel* : il s'en tient à ce qu'il s'est déjà acquis.

Nous devons nous attendre à ces trois choses de la part de la mort qui est ici-bas une séparation de l'âme et du corps. Or, comme l'amour pour Notre-Seigneur « est fort comme la mort », il tue aussi l'homme au sens spirituel et sépare à sa façon l'âme du corps. Et ceci arrive quand l'homme s'abandonne entièrement et se dépouille de son moi, et ainsi se sépare de soi-même. Mais ceci se produit par la force infiniment haute de l'amour qui sait tuer si suavement. Ne le désigne-t-on pas d'ailleurs comme une douce maladie et comme une mort vivante. Car ce mourir est une infusion de vie éternelle, mais une mort de la vie charnelle dans laquelle l'homme est toujours à nouveau sur le point de vivre sa vie à son propre profit.

Pourtant cette mort délicieuse n'accomplit ces trois choses en l'homme que quand elle est si violente qu'elle le tue réellement et ne le rend pas seulement malade. Comme il en va de beaucoup de gens qui sont longtemps languissants avant qu'ils ne meurent. D'autres ne sont pas malades longtemps. Et d'autres encore meurent d'une mort soudaine. Et de même il y a certaines gens qui prennent assez longtemps conseil d'eux-mêmes avant qu'ils se résolvent à se renoncer entièrement pour l'amour de Dieu. Car souvent ils font bien comme s'ils voulaient donner leur moi et mourir, et pourtant ils font de nouveau demi-tour et se hâtent de rechercher encore un petit profit personnel ; en sorte qu'ils ont toujours — en considération d'eux-mêmes, non pas purement et exclusivement pour l'amour de Dieu — quelque chose à faire en eux. Et aussi longtemps qu'il en est ainsi ils ne sont pas encore réellement morts, mais gisent seulement à l'agonie et y languissent à contre-cœur. Jusqu'à ce qu'enfin la grâce de Dieu, c'est-à-dire l'*amour*, soit victorieuse en eux, en sorte qu'ils meurent entièrement à leur égoïsme. Car cet égoïsme et cet égotisme qui est la nature et la vie de l'homme, rien ne peut le tuer que l'amour seul qui *est fort comme la mort* ; autrement il n'y a pas moyen. C'est bien pourquoi ceux qui sont en enfer souffrent une si grande peine. Car ils ne soupirent qu'après le profit personnel et ne pensent qu'à la manière de se débarrasser de leur peine. Et ceci ne peut pourtant jamais leur arriver ! De là vient donc qu'ils meurent une mort éternelle : de ce que la convoitise de l'égoïsme n'est pas morte en eux et ne peut non plus mourir. Et rien dans le monde ne pourrait les aider à cela que l'amour seul, dont ils sont pourtant complètement exclus.

Ainsi donc l'amour n'est pas seulement fort comme la mort corporelle, mais aussi beaucoup plus fort que la mort de l'enfer, qui ne peut pourtant pas aider les damnés comme cette mort de l'amour, qui seule est en état de tuer réellement la vie de la convoitise et de l'égoïsme. Or ceci se produit en *trois* étapes.

En premier lieu en effet cette mort, c'est-à-dire l'amour, sépare l'homme de ce qui est *passager* : des amis, des biens et des honneurs, et de toutes les créatures, en sorte qu'il ne possède ni n'utilise plus rien seulement en considération de lui-même et ne bouge plus aucun membre pour son utilité et sa volonté propres, intentionnellement. — Ceci est-il atteint, l'âme commence aussitôt à chercher et à regarder de côté et d'autre vers des biens *spirituels*, vers la dévotion, la prière, la vertu, l'extase, vers *Dieu*. En ceux-ci elle apprend à s'exercer et à se délecter avec délices, au-dessus de tout ce qu'elle goûtait précédemment. Car ces biens spirituels la touchent par nature de plus près que les corporels. Or, comme Dieu a créé l'âme telle qu'elle ne puisse subsister sans consolation, quand elle a rejeté sans hésiter les joies corporelles et s'est adonnée aux spirituelles, celles-ci sont aussitôt pour lui si pleines de délices qu'elle ne peut s'en sevrer que beaucoup plus à contre-cœur qu'elle n'avait fait des corporelles. Car ceux-là le savent bien qui l'ont éprouvé eux-mêmes : il serait souvent beaucoup plus facile de renoncer à ce monde tout entier qu'à une consolation, un sentiment intérieur comme il vous en échoit parfois en partage dans la

prière ou dans d'autres exercices spirituels.

Pourtant tout cela n'est encore qu'à
peine un commencement comparé à ce
qui vient ensuite et de ce que l'amour opère
en l'homme. Car si l'amour est réellement
« fort comme la mort », il opère en *second*
lieu ceci : qu'il contraint l'homme à se désis-
ter et à prendre congé aussi de toute consolation *spirituelle*, de ces biens dont j'ai parlé
tout à l'heure, en sorte que l'homme se
résigne franchement à abandonner tout ce
que son âme a jusqu'alors eu de la joie à
savourer ou même simplement à désirer.
Ah ! Dieu ! qui pourrait jamais venir à
bout de cette tâche s'il n'était contraint par
l'amour même à T'abandonner et à se
dépouiller de Toi pour Toi. Que pourrait-
on d'ailleurs sacrifier à Dieu de meilleur et
de plus précieux que, pour l'amour de lui,
lui-même ! Mais combien il est étrange
pourtant que l'on vienne à lui avec lui
comme offrande et que ce soit avec lui-
même que l'on paye pour lui : alors qu'il y
a malheureusement si peu de gens qui

sont disposés à se dépouiller des biens passagers *corporels* et qui, même alors, se sentent encore fréquemment attirés vers des choses variées qui ne viennent à eux que de l'extérieur. Combien plus rares sont, avant tout, ceux qui peuvent quitter volontairement les biens *spirituels* vis-à-vis desquels tout bien corporel doit être compté pour rien. Car, Seigneur, Te posséder, dit un maître, est meilleur que tout ce que le monde a jamais offert, ni n'offrira jamais, depuis le commencement jusqu'au Jugement dernier !

Mais, encore qu'un tel abandon soit quelque chose de tout à fait élevé et rare, hors de la mesure, il y a pourtant encore un degré qui élève l'homme d'une façon encore beaucoup plus sublime et parfaite vers sa dernière fin, et c'est l'amour qui l'opère, qui là est *fort comme la mort* qui nous brise le cœur. Et c'est quand l'homme renonce aussi à *la vie éternelle* et au trésor de l'éternité, à tout ce que, d'aventure, il pouvait autrefois recevoir de Dieu et de ses dons, en sorte qu'il ne le prend plus expressément et de propos délibéré comme but, pour soi et pour l'amour de soi-même, et ne s'y assujettit pas et que désormais l'espérance de la vie éternelle ne le touche ni ne le réjouit plus, ni ne lui rend son fardeau plus léger.

Ceci seulement est le degré convenable du vrai et parfait renoncement. Et ce n'est que dans un pareil dénuement que nous prend l'amour, qui est *fort comme la mort* : et il tue l'homme dans son moi et il sépare l'âme du corps, en sorte que l'âme ne veut plus rien avoir à faire, pour son profit particulier, avec le corps ni avec d'autres choses quelconques. Et par là elle se sépare absolument de ce monde et s'en va là où elle a mérité d'être. Et où a-t-elle mérité d'aller si ce n'est en Toi, ô Dieu éternel, puisqu'il faut que *Tu* sois sa *vie*, par cette mort à travers l'amour.

Pour que cela nous arrive, que Dieu nous vienne en aide ! Amen !

*Prolongez vos méditations et votre réflexion
avec Folio Sagesses*

CICÉRON,
*« Le bonheur dépend de l'âme seule »
(Tusculanes, livre V)*

Traduit du latin par Émile Bréhier

Avec clarté et pragmatisme, Cicéron (106 à 43 av. J.-C.)
se propose de nous guider sur les chemins de la sagesse
et du bonheur.

*

DÔGEN, *Instructions au cuisinier zen*
suivi de *Propos de cuisiniers*

Textes choisis, traduits du japonais et annotés par Janine Coursin

Le moine zen Dôgen (1200-1253) métamorphose la préparation d'un repas en méditation : la sérénité se trouve au
cœur des activités les plus quotidiennes, les plus banales.

*

MAÎTRE ECKHART,
L'amour est fort comme la mort et autres textes

Traduit de l'allemand par Paul Petit

Recourant à une langue riche en images et en paradoxes, maître Eckhart, dominicain et mystique du
XIIIe siècle, entraîne son lecteur à l'accompagner sur
le chemin d'une pensée toujours vivante, toujours en
tension vers la connaissance, dont il place la quête au
fondement de sa démarche spirituelle : une méditation
lumineuse conviant à l'apaisement et à la contemplation.

*

ÉPICTÈTE, *Du contentement intérieur
et autres textes*

*Texte établi et traduit du grec ancien par Joseph Souilhé, avec la
collaboration d'Amand Jagu*

La philosophie comme art de vivre, pour mener une vie
sereine et exempte de troubles, par l'un des grands sages
stoïciens antiques (Ier siècle apr. J.-C.).

*

FÉNELON, *Voyage dans l'île des plaisirs
(Fables et histoires édifiantes)*

Édition établie et annotée par Jacques Le Brun

Une invitation à découvrir la sérénité dans la maî-
trise de ses désirs, par l'une des plus belles plumes du
XVIIe siècle.

*

GANDHI,
La voie de la non-violence

*Édition de Krishna Kripalani
Traduit de l'anglais (Inde) par Guy Vogelweith*

Dans l'histoire de l'humanité, Gandhi (1869-1948) est
le premier à avoir étendu le principe de la non-violence
du plan individuel au plan social et politique. La voie
de la non-violence n'est pas seulement l'apanage des
saints et des sages, mais aussi bien de tous les autres
hommes.

*

LAO-TSEU, *Tao-tö king*

Traduit du chinois par Liou Kia-hway

Texte fondateur du taoïsme, le « livre sacré de la Voie
et de la Vertu » réconcilie les deux principes universels
du *yin* et du *yang*. De leur équilibre et de leur alternance
naissent tous les phénomènes de la nature, régis par un
principe suprême, le Tao.

*

FRANÇOIS DE LA ROCHEFOUCAULD,
Maximes suivi de
Portrait de La Rochefoucauld par lui-même
Édition de Jean Lafond

Une invitation à la sagesse d'une implacable lucidité
et d'une ironie mordante, par un grand moraliste du
XVIIe siècle.

*

MARC AURÈLE, *Pensées (Livres I-VI)*
Traduit du grec et annoté par Émile Bréhier

Inspirées des principes du stoïcisme, les méditations
(IIe siècle apr. J.-C.) d'un homme en proie au doute, en
quête de paix intérieure. Un examen de conscience éton-
namment moderne à lire et à relire.

*

MENG ZI, *Aller au bout de son cœur*
précédé du *Philosophe Gao zi*
Textes traduits du chinois et annotés par Charles Le Blanc

Cultivez votre sens de la compassion et de la justice avec
Meng zi, un des grands philosophes confucianistes de
l'Antiquité chinoise (IVe siècle av. J.-C.).

*

MONTAIGNE, *Sur l'oisiveté
et autres Essais en français moderne*
Adaptation en français moderne par André Lanly

Les *Essais*, livre clé de la découverte des valeurs de la
civilisation occidentale, nous guide, à travers les méditations de Montaigne sur les sujets les plus divers, vers
une vie assagie par l'exercice de notre liberté de penser.

*

PIEDS NUS SUR LA TERRE SACRÉE
Textes rassemblés par T. C. McLuhan (I, II)
Traduit de l'anglais (Canada) par Michel Barthélémy

Un émouvant témoignage des Indiens d'Amérique du

Nord, qui racontent leur mode de vie en harmonie avec la nature : un exemple précieux pour l'homme moderne.

*

SAÂDI
Le Jardin des Fruits
Histoires édifiantes et spirituelles

Traduit du persan par Franz Toussaint

Recueil d'une soixantaine d'histoires, *Le Jardin des Fruits* de Saâdi (vers 1200 – vers 1292) contient aussi sentences et prières. Elles constituent autant d'occasions d'apprendre à se comporter dans des situations problématiques de l'existence, et de sortir moralement grandi de ses mésaventures : cueillez avec bonheur les Fruits du Jardin de Saâdi.

*

LÉONARD DE VINCI,
Prophéties précédé de *Philosophie*
et *Aphorismes*

Traduit de l'italien par Louise Servicen

Avec un grand mépris des superstitions et de la crédulité des hommes, Léonard de Vinci, au gré des pages, livre ses pensées et une sagesse pratique : la vision très personnelle du monde d'un visionnaire de génie.

*

VOLTAIRE,
De l'horrible danger de la lecture
et autres invitations à la tolérance

Édition établie et annotée par Jacques Van den Heuvel

Avec une ironie mordante, Voltaire fustige la bêtise et la barbarie : dans un grand éclat de rire, il nous invite, en philosophe des Lumières, à la bienveillance et au respect des autres.

Composition Nord Compo
Impression Novoprint
à Barcelone , le 2 septembre 2015
Dépôt légal : septembre 2015

ISBN 978-2-07-046639-9./Imprimé en Espagne.

287769